I0706361

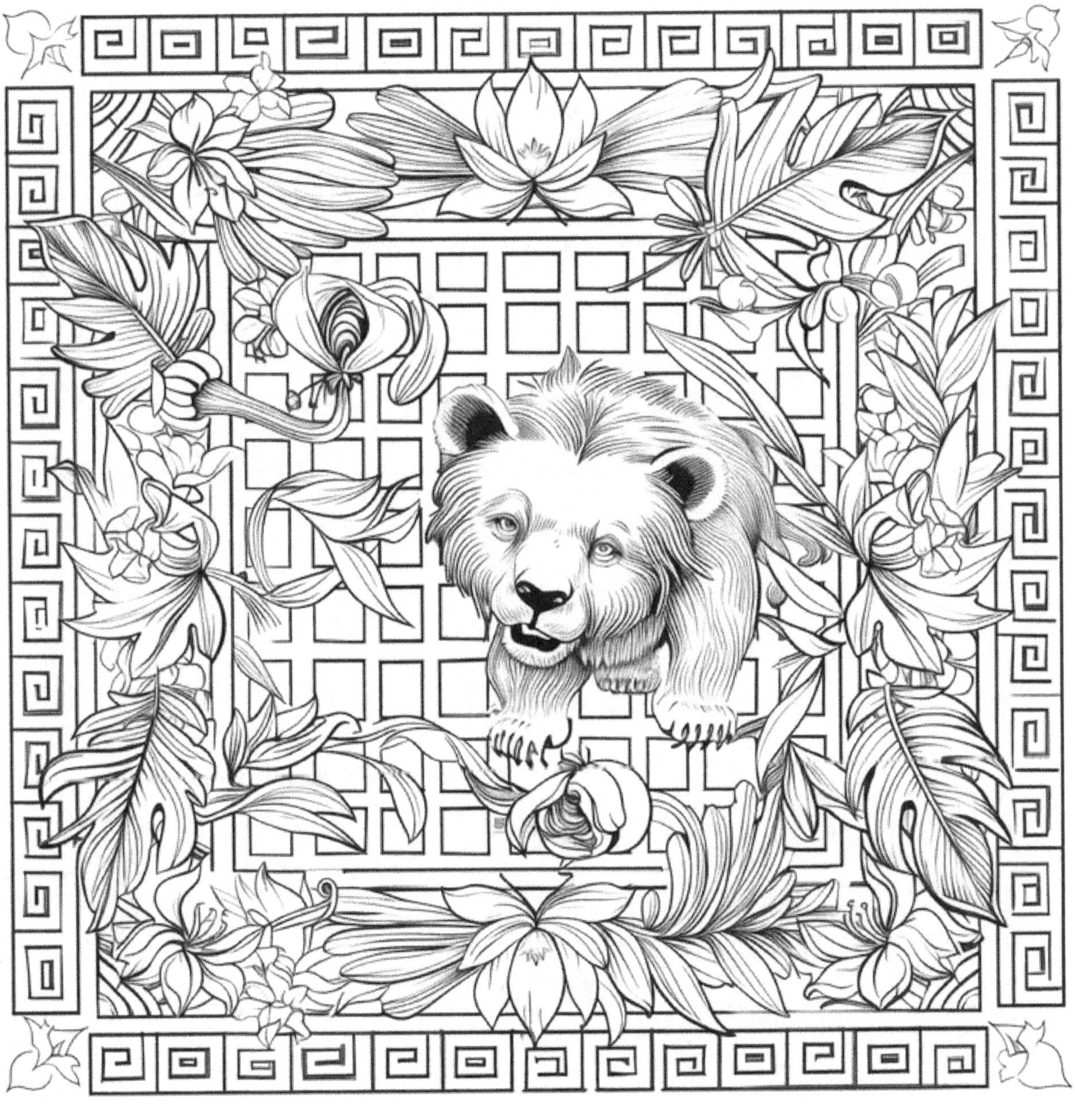

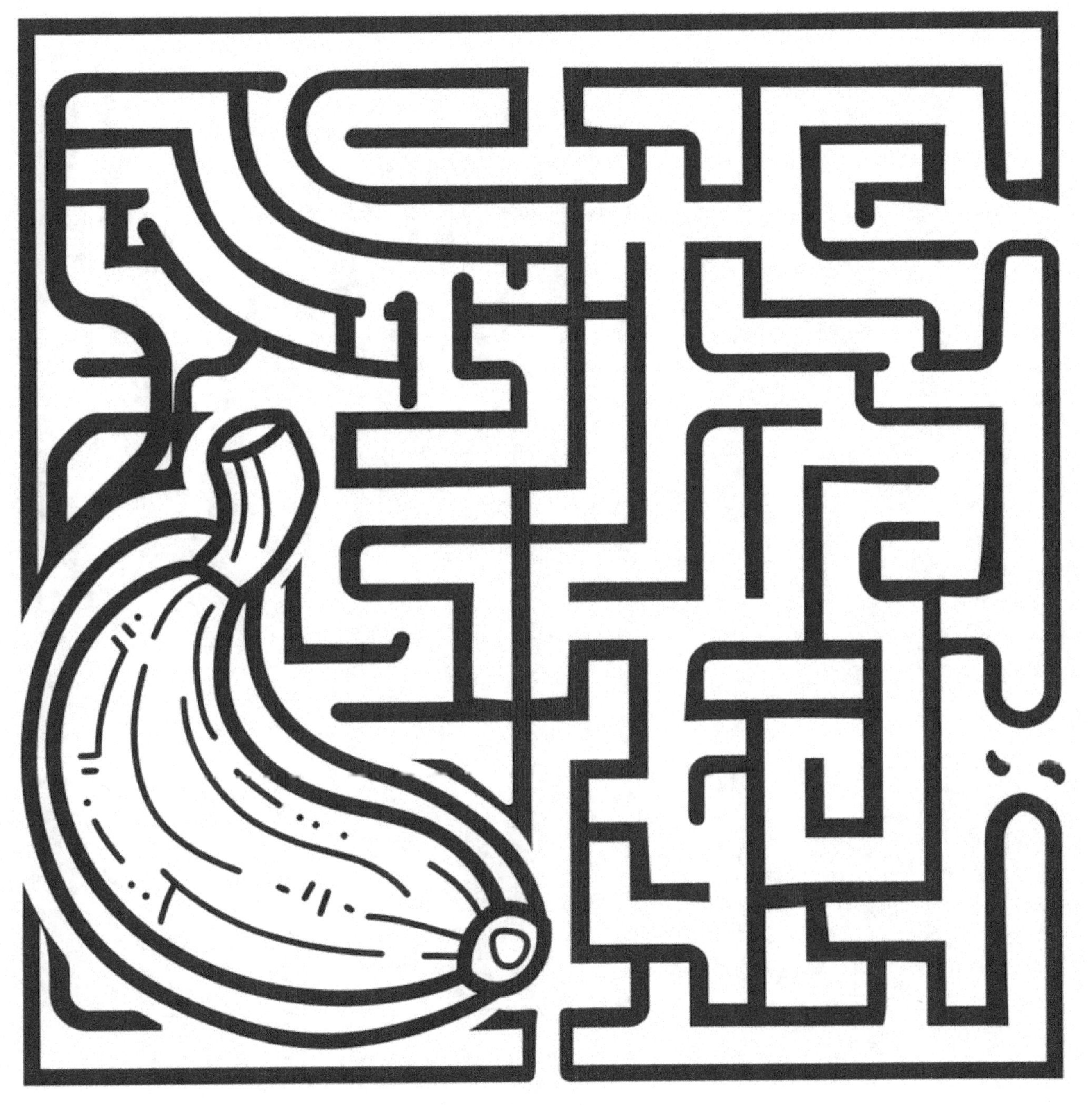

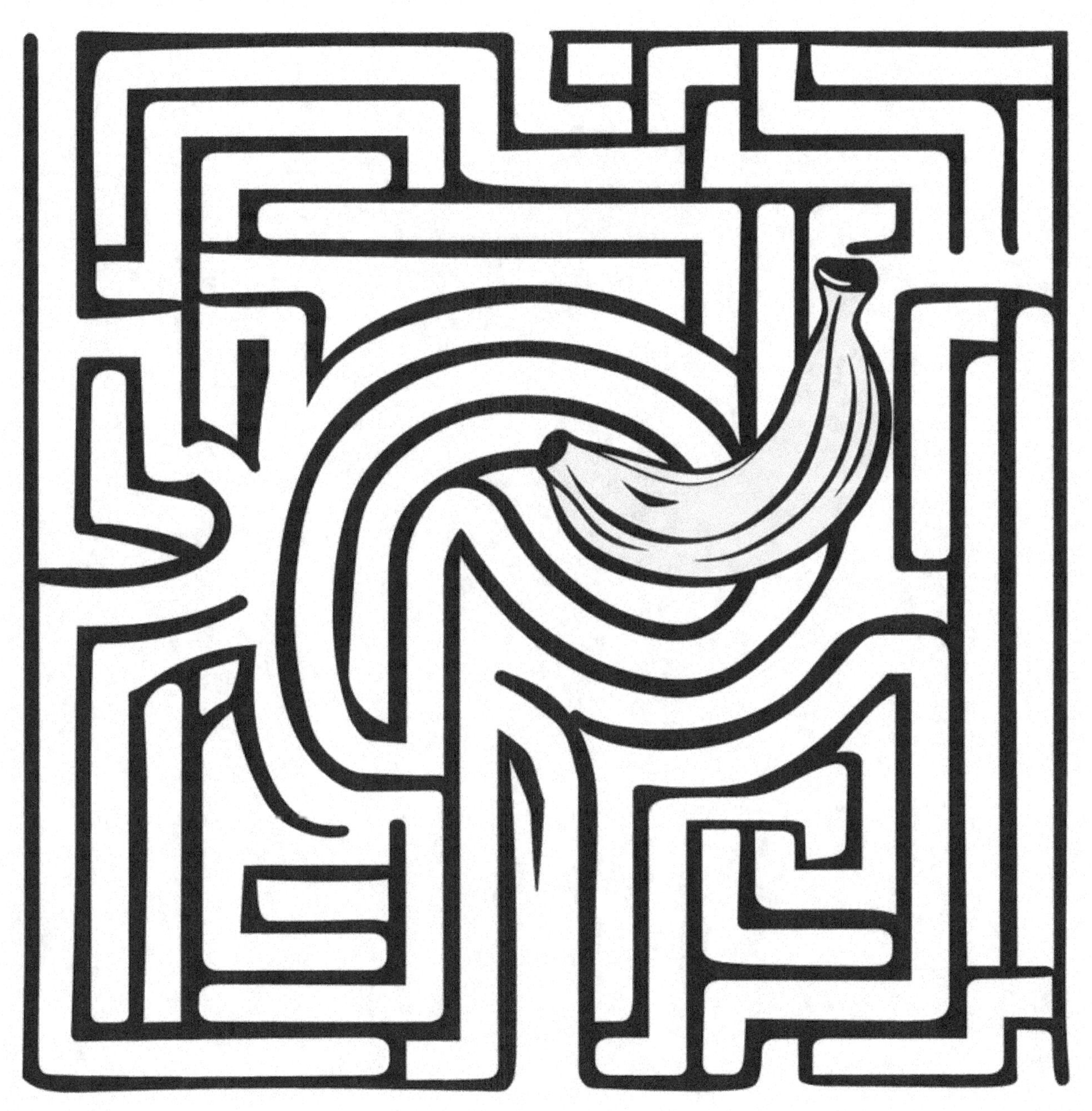

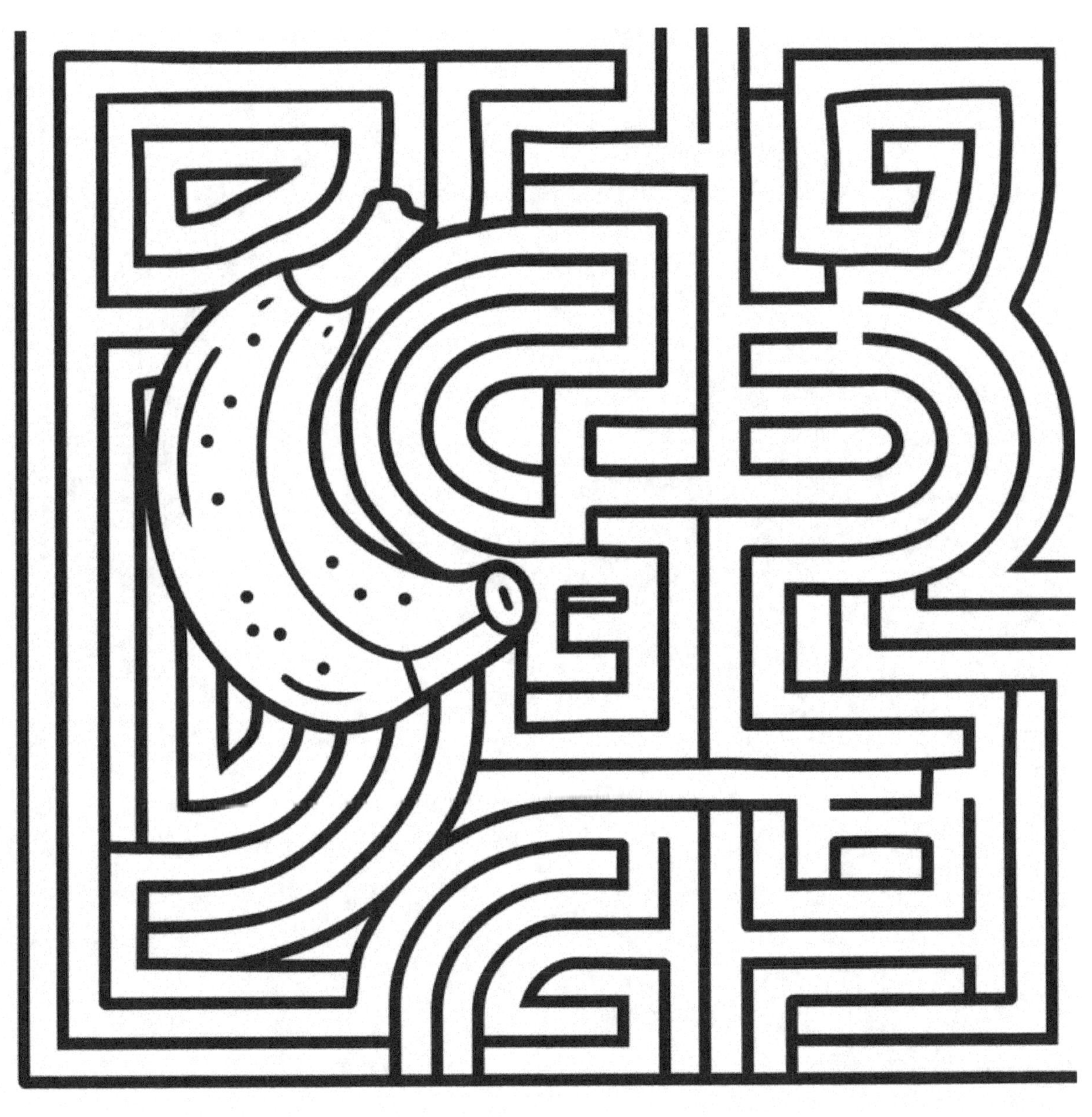

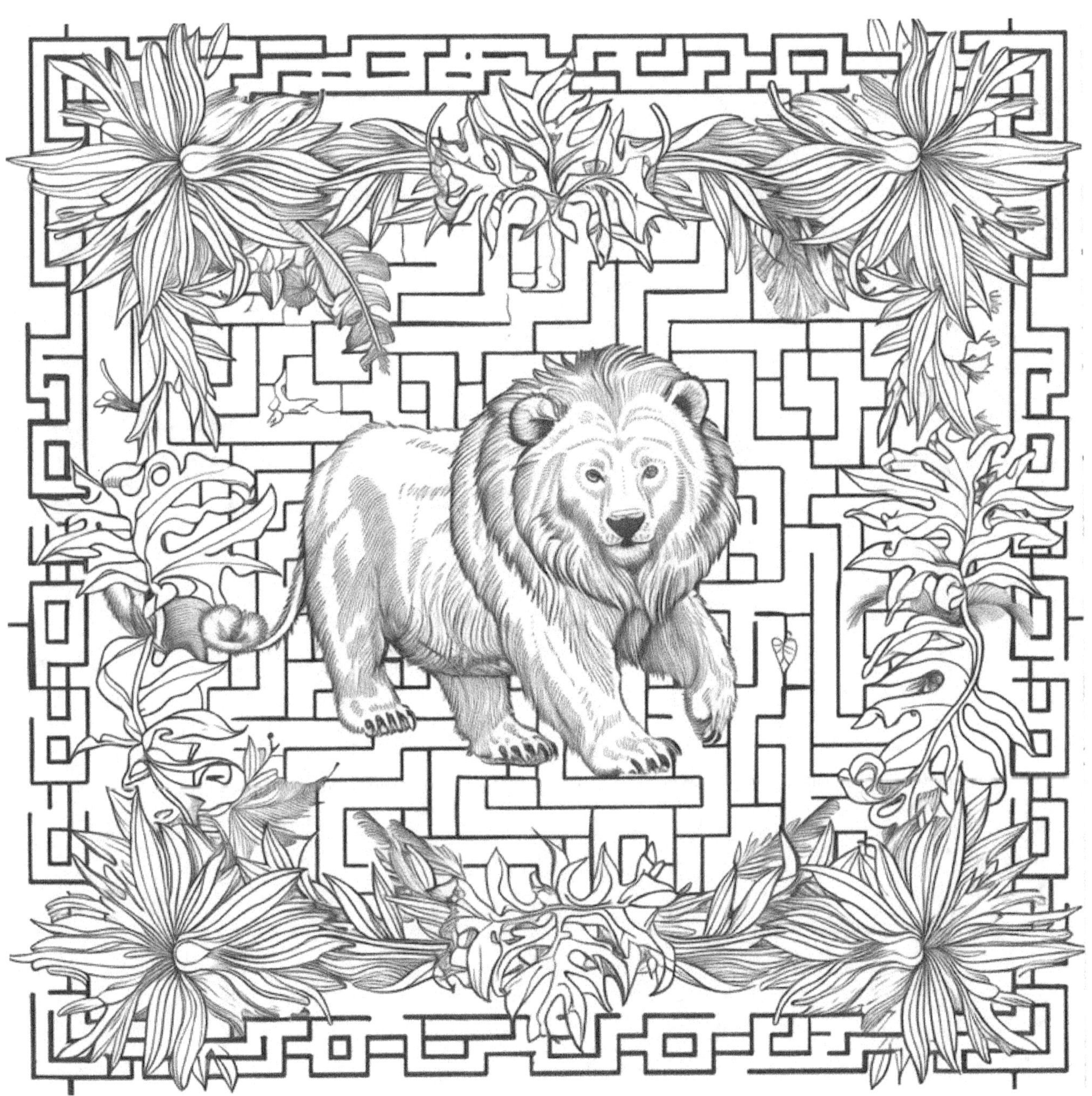

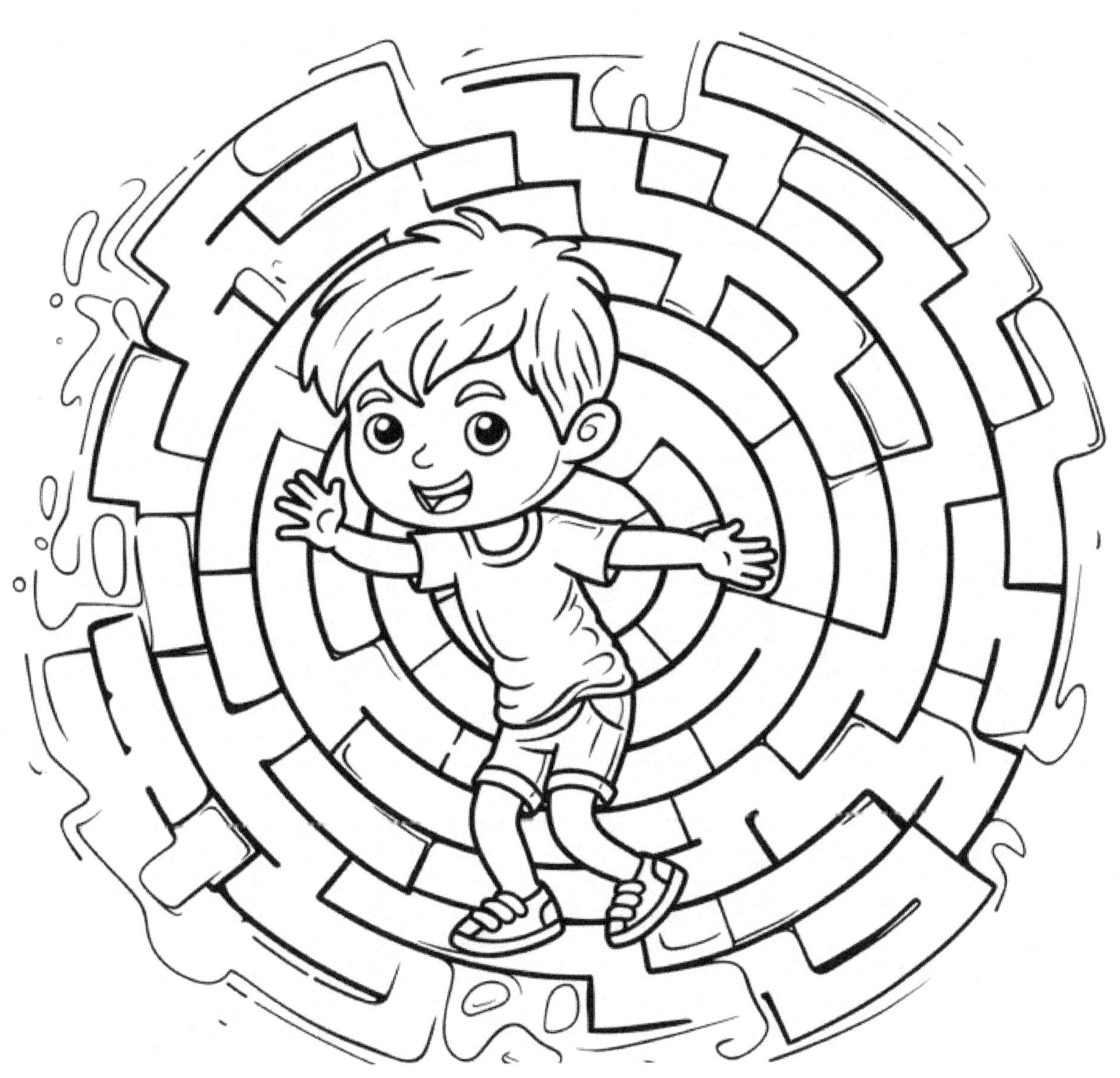

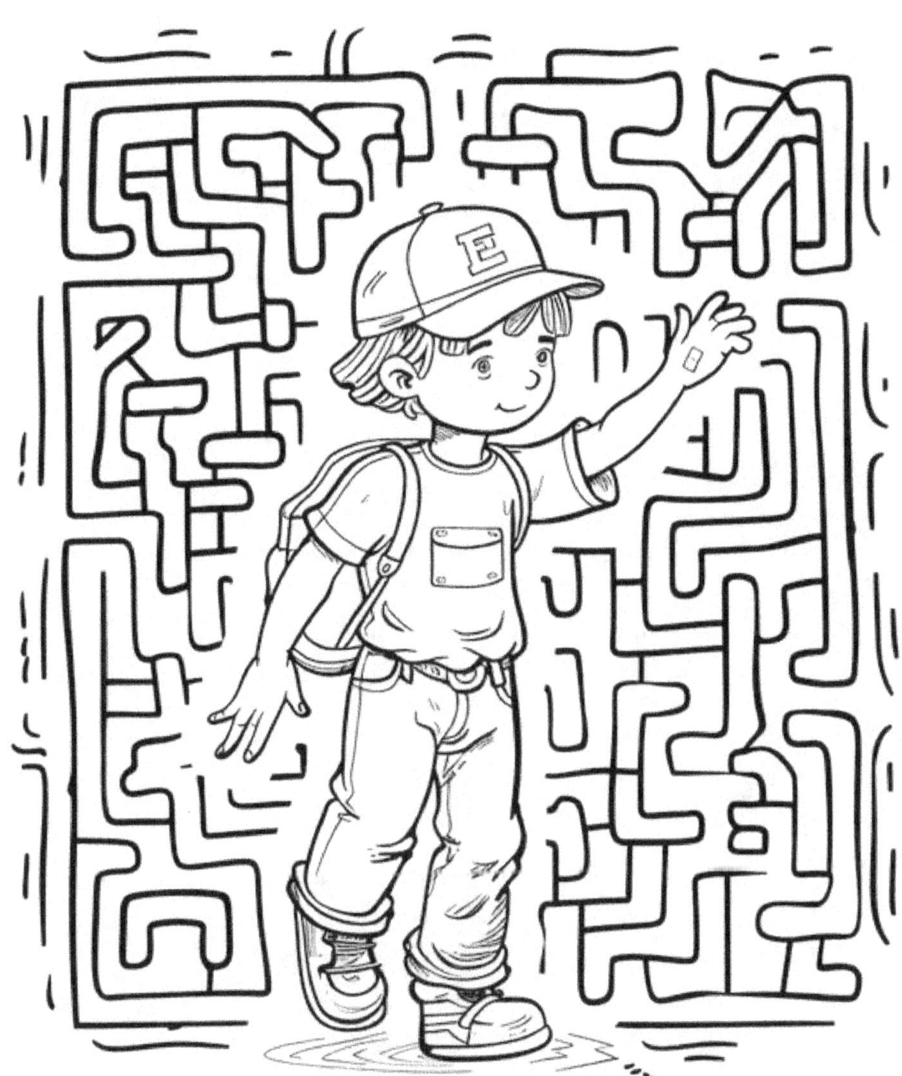
E

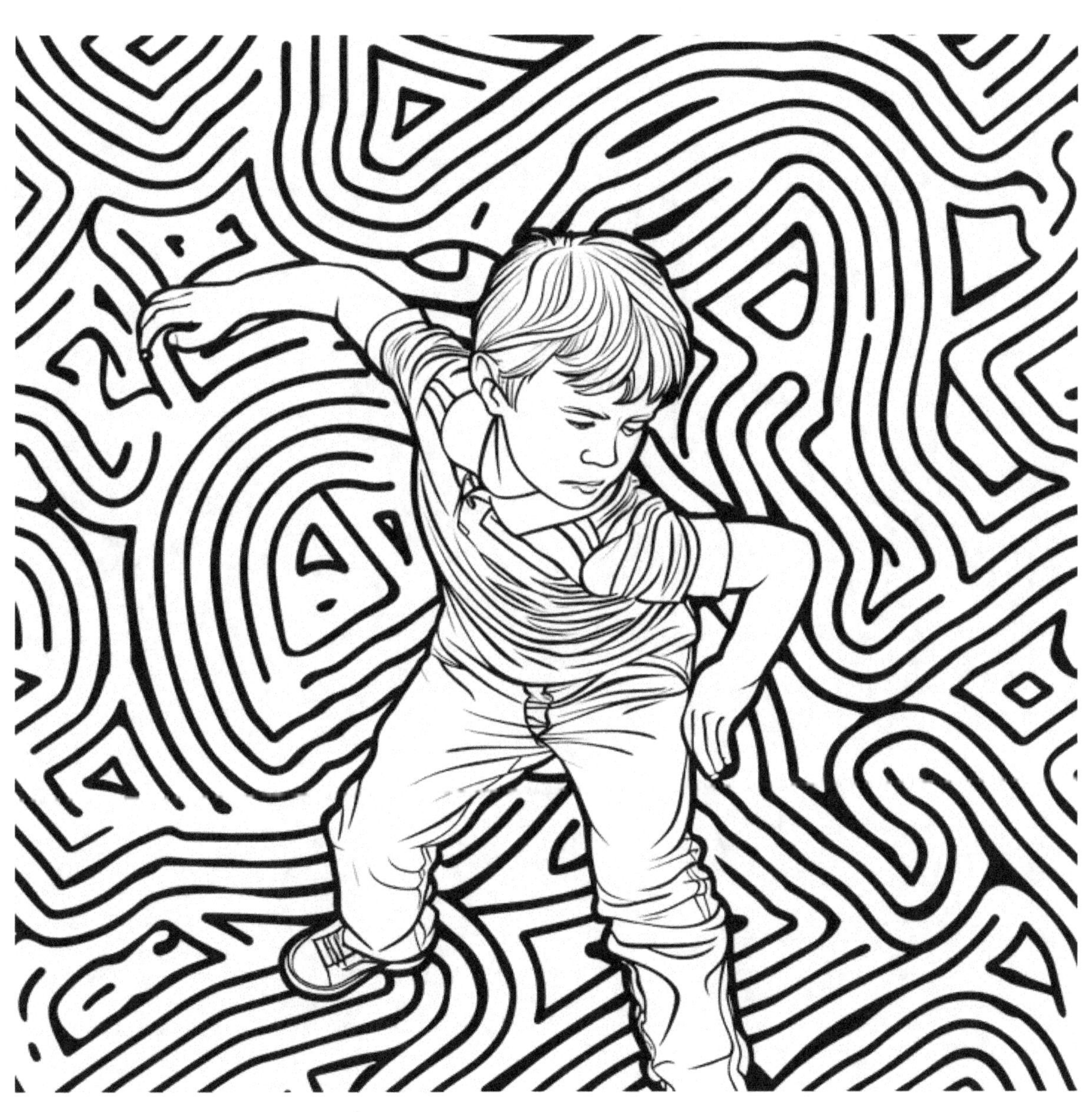

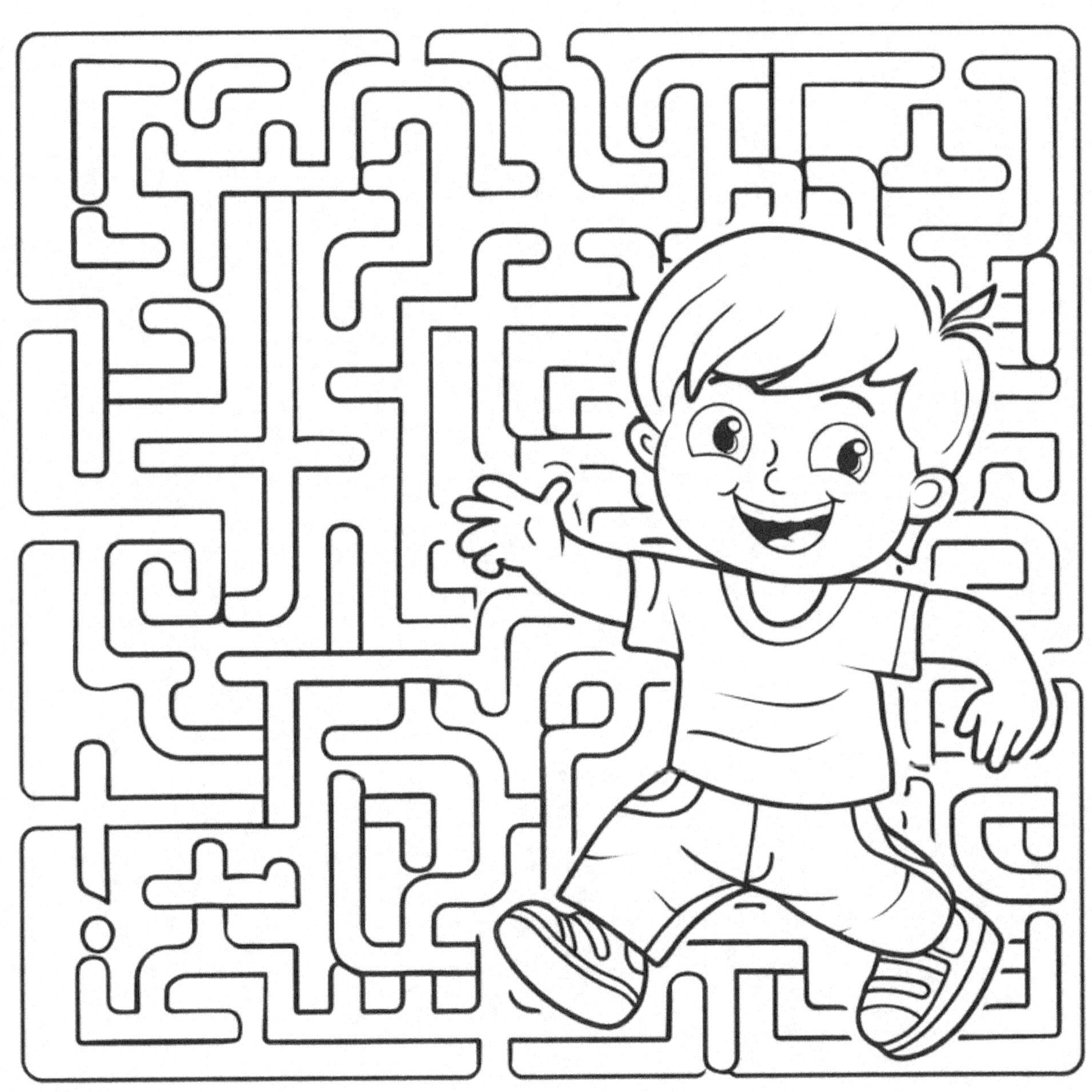

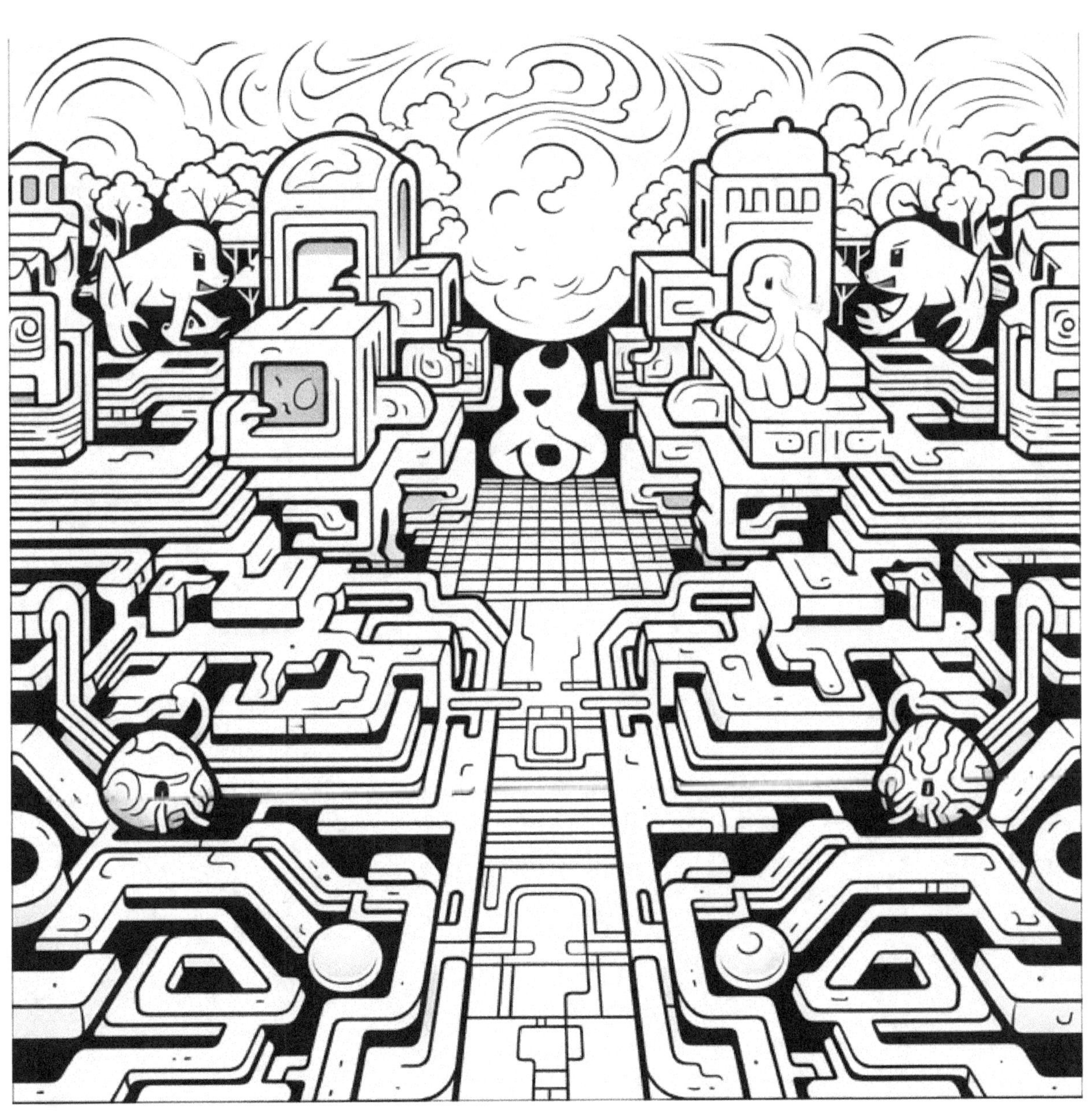

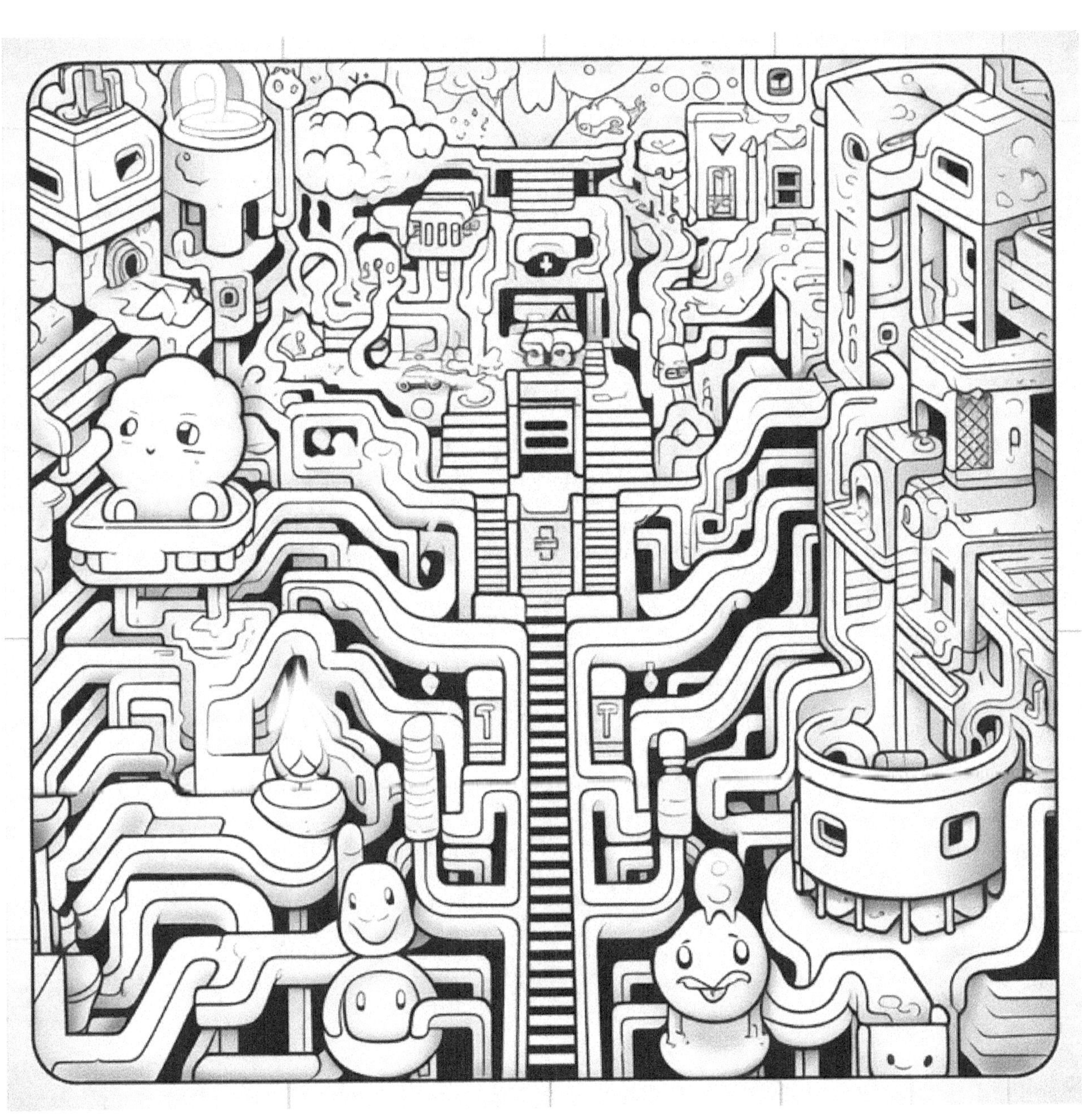

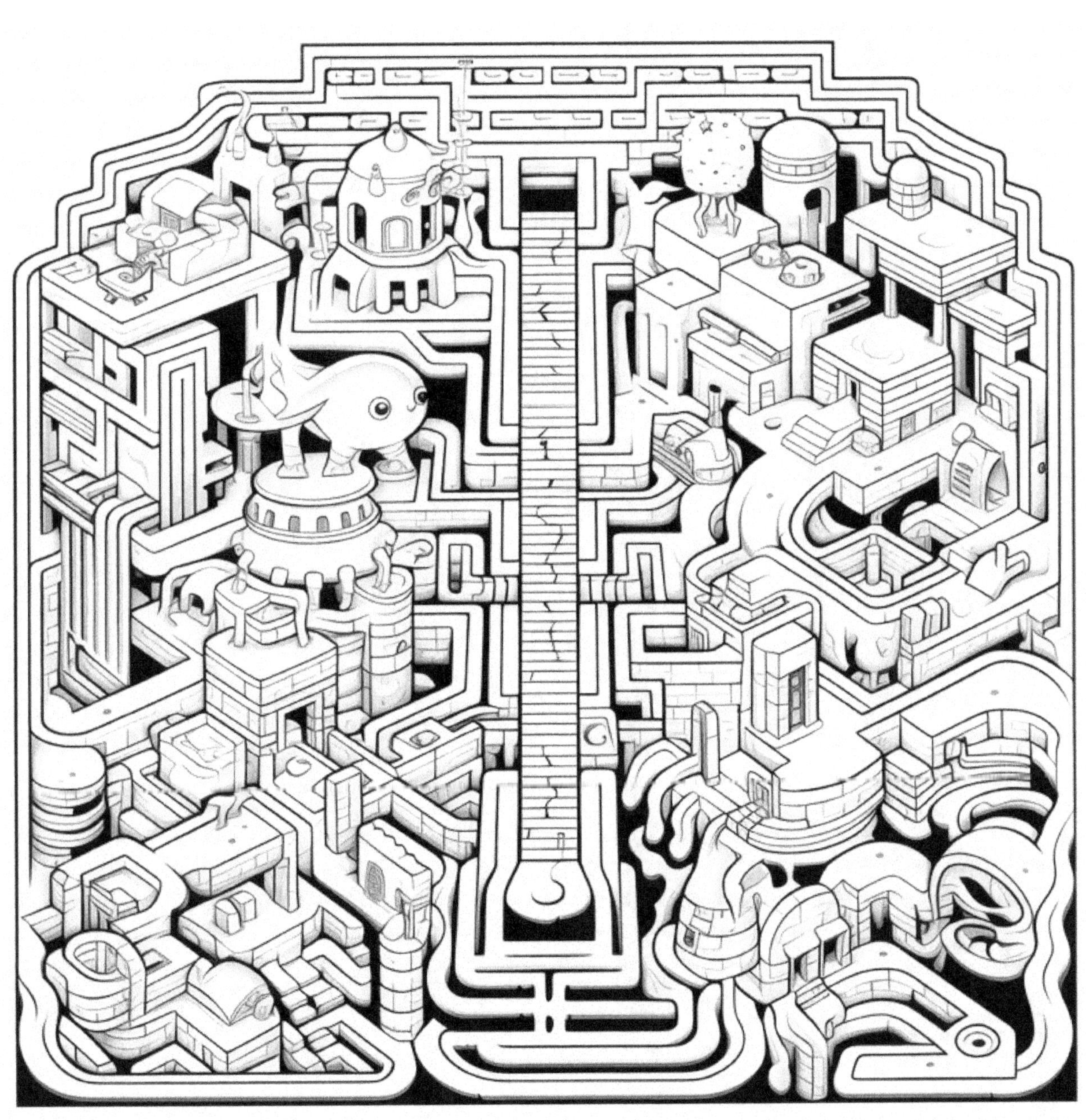

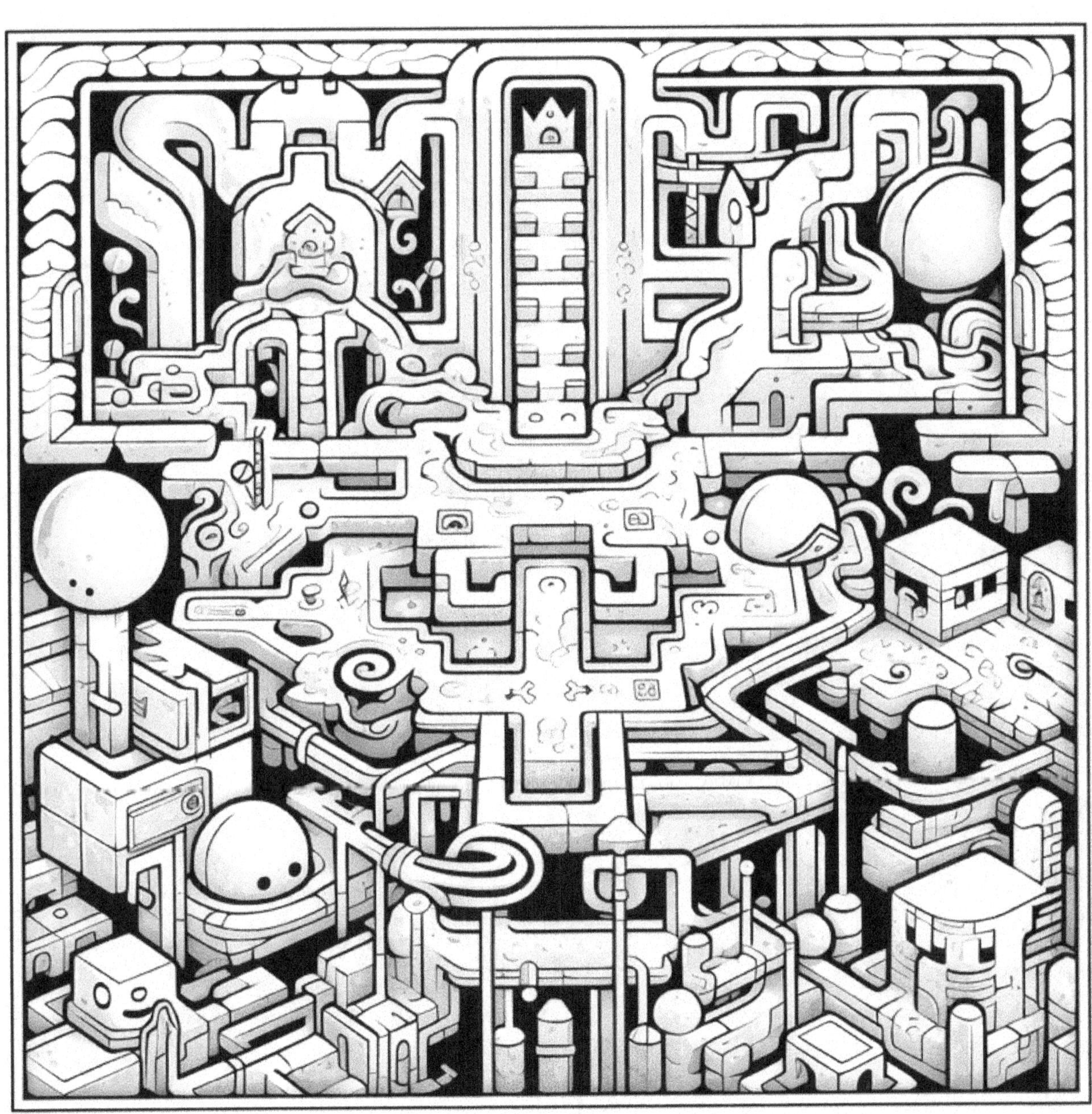

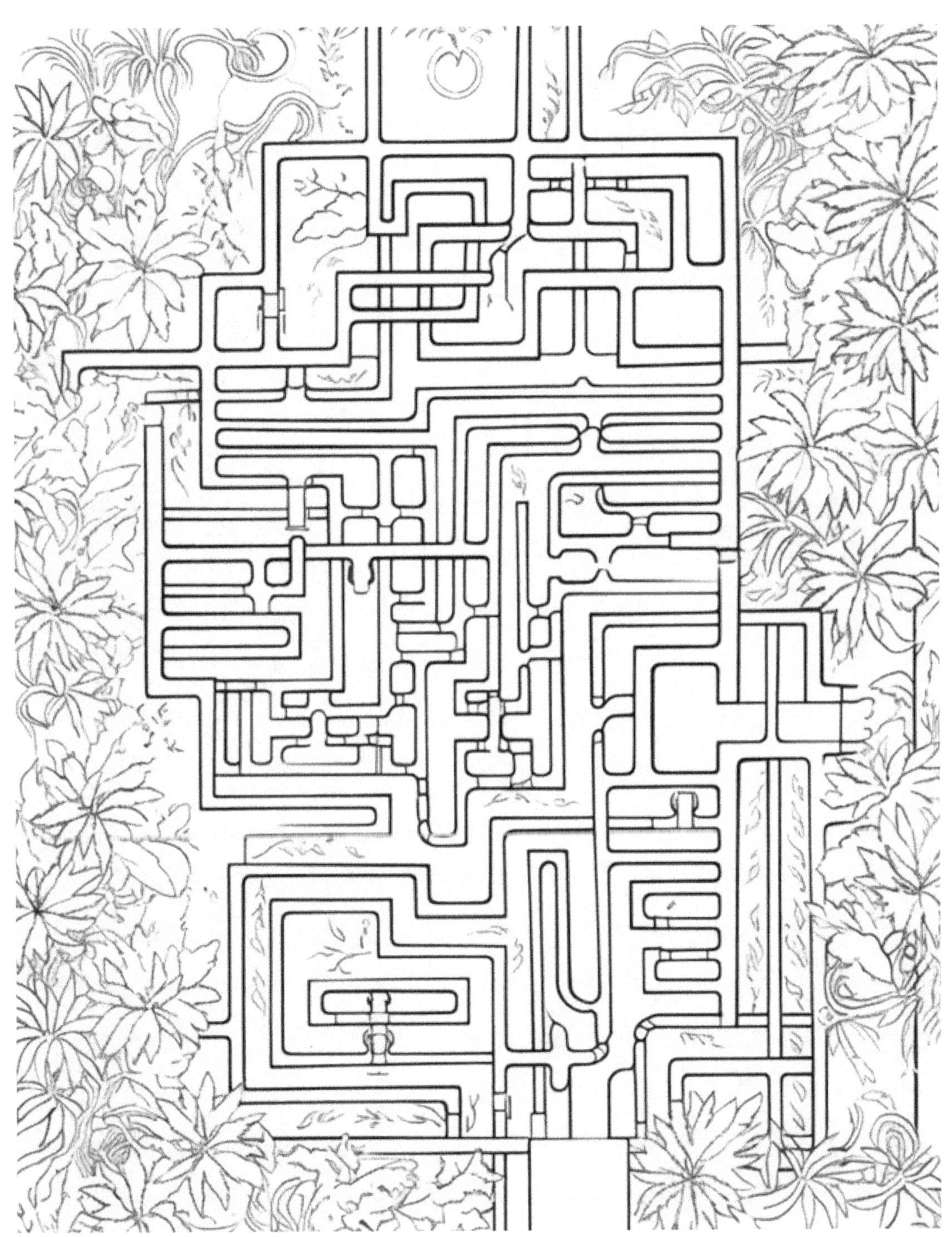

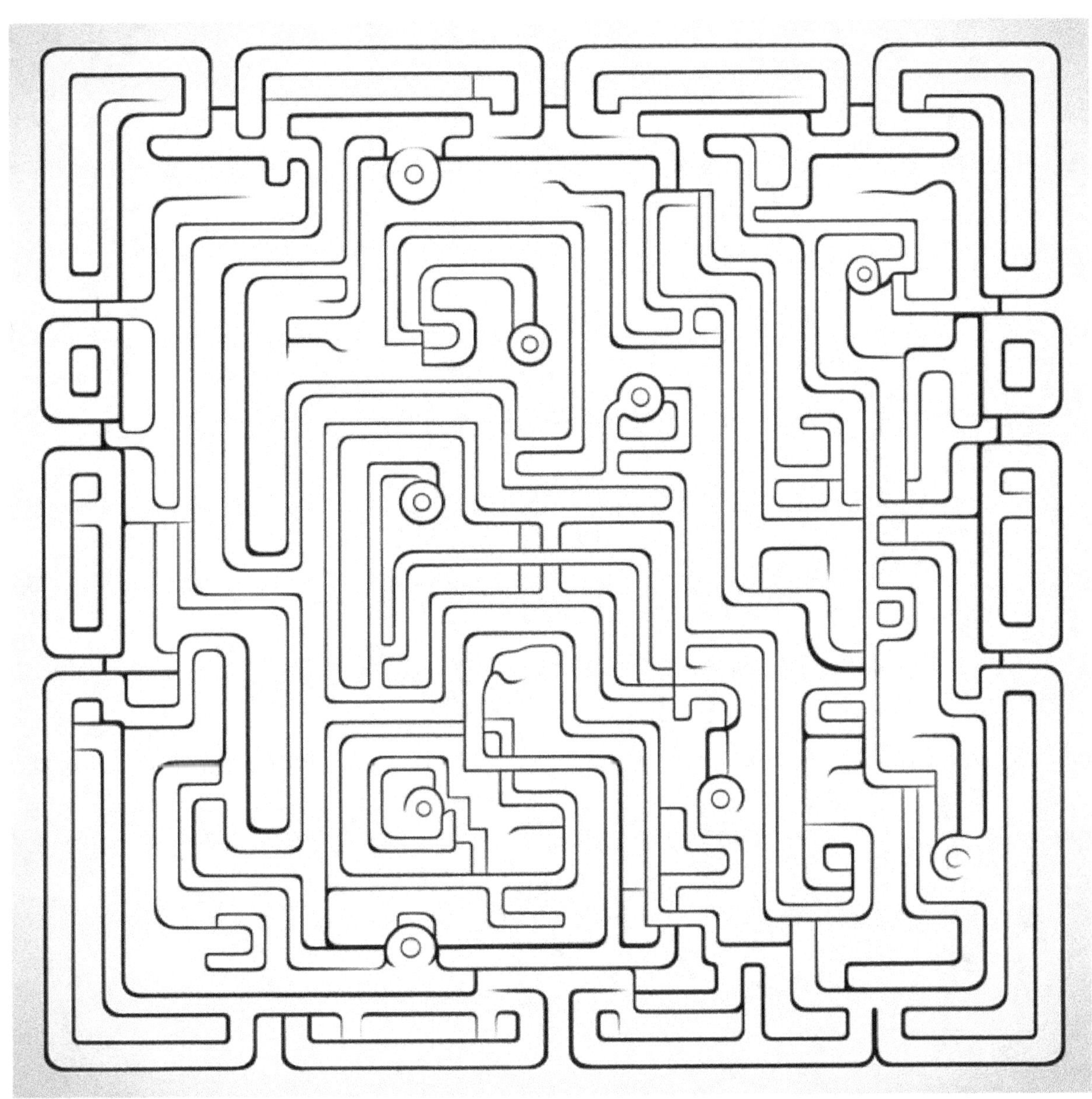

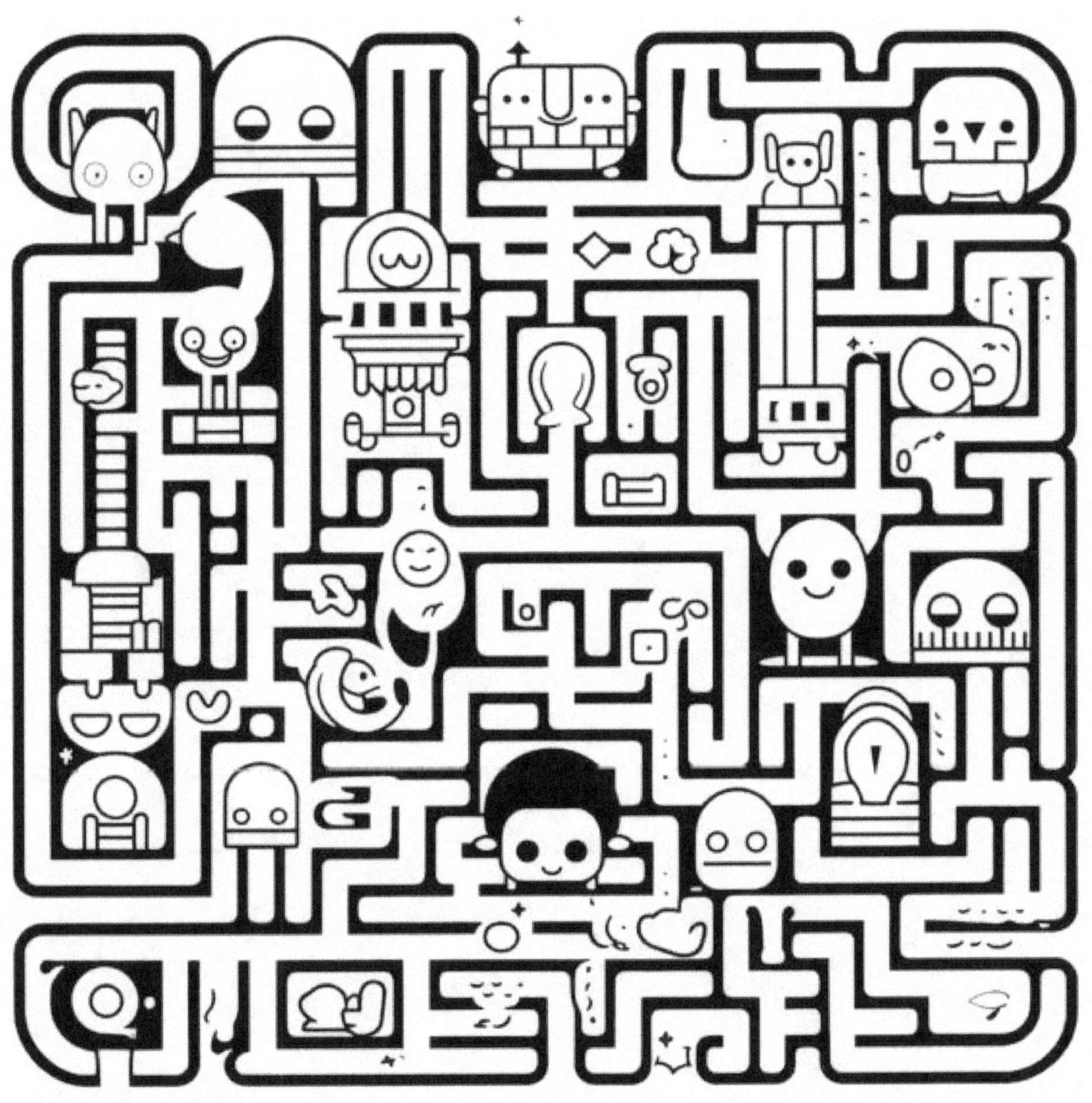

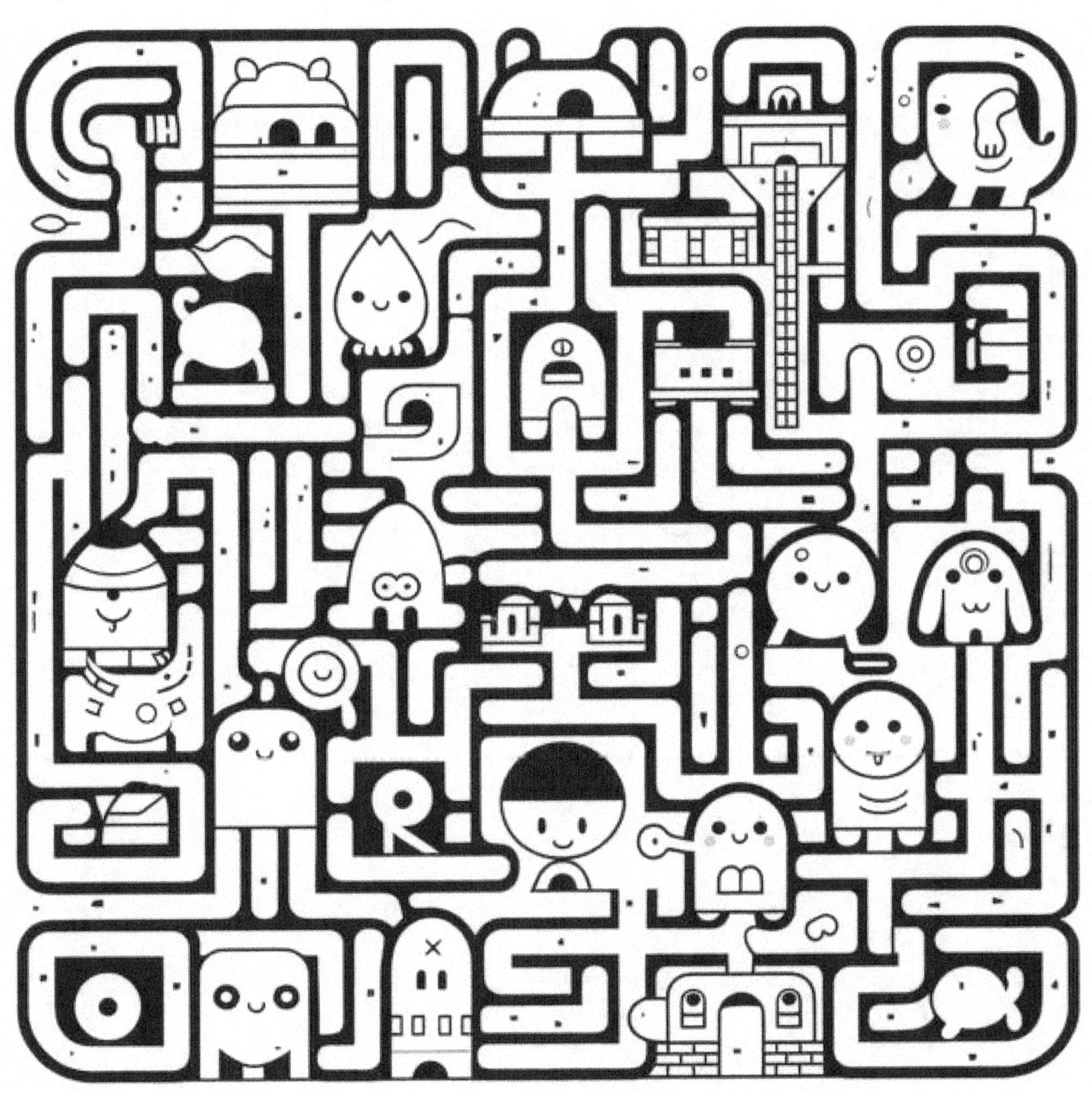

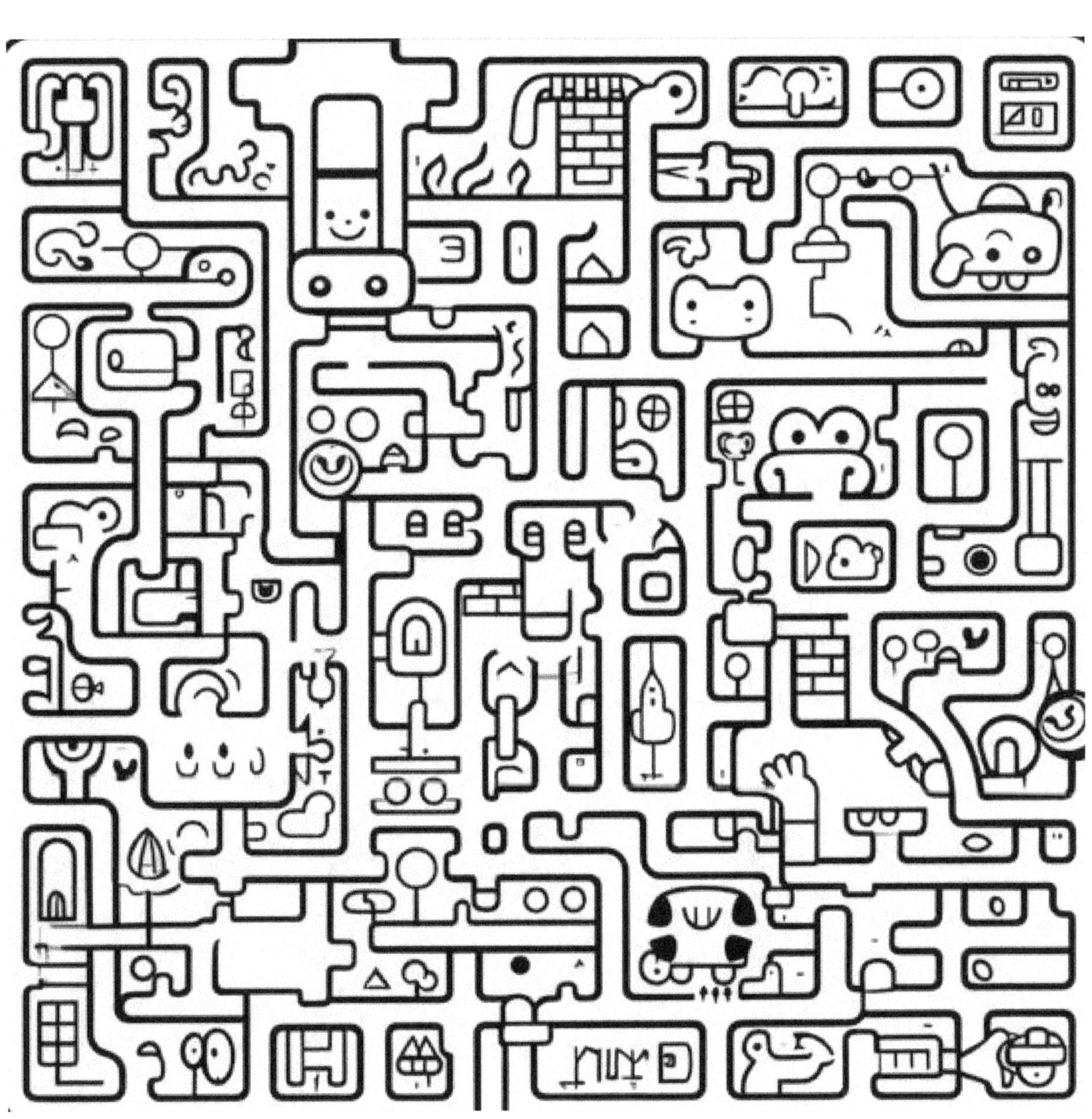

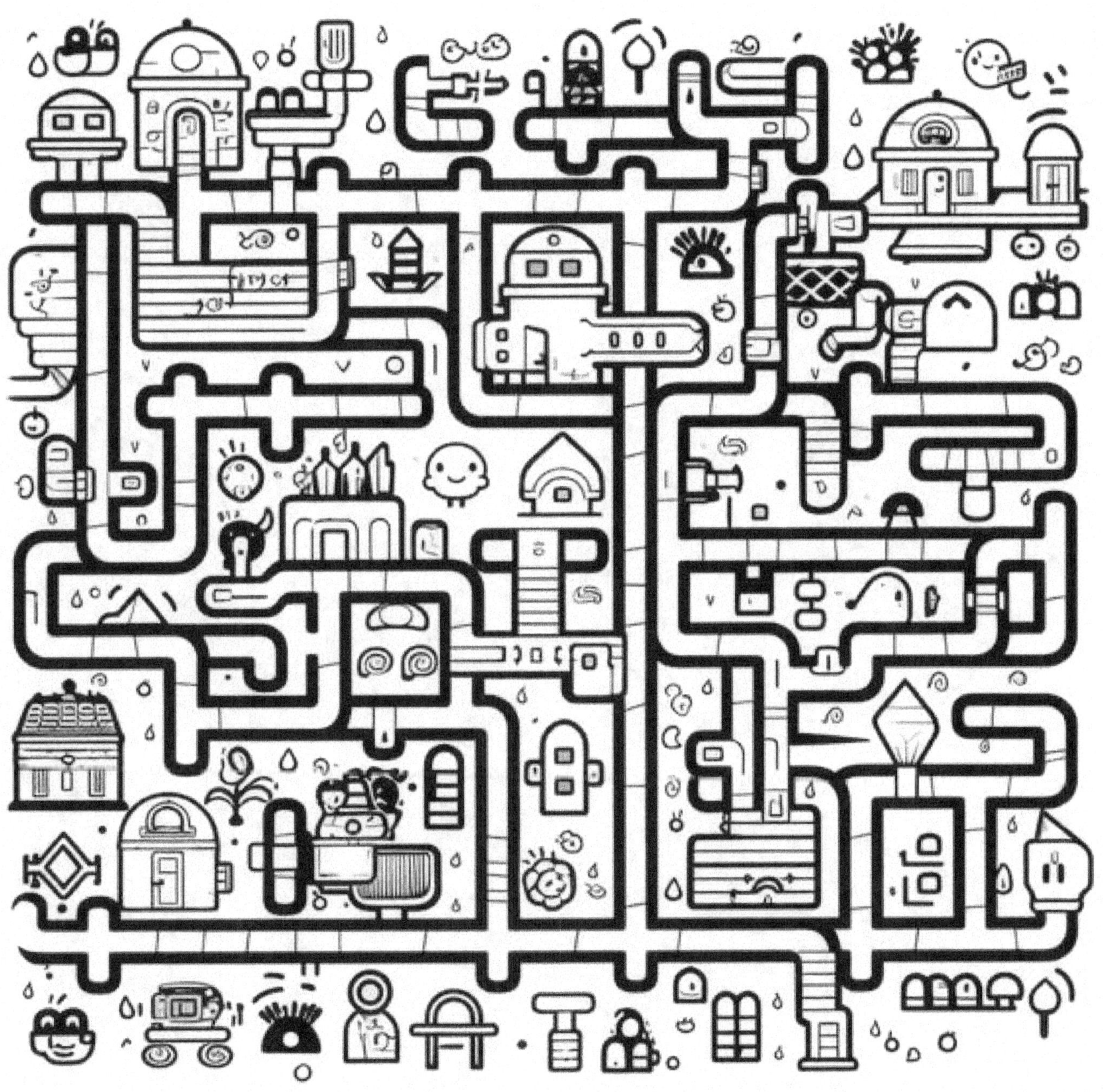

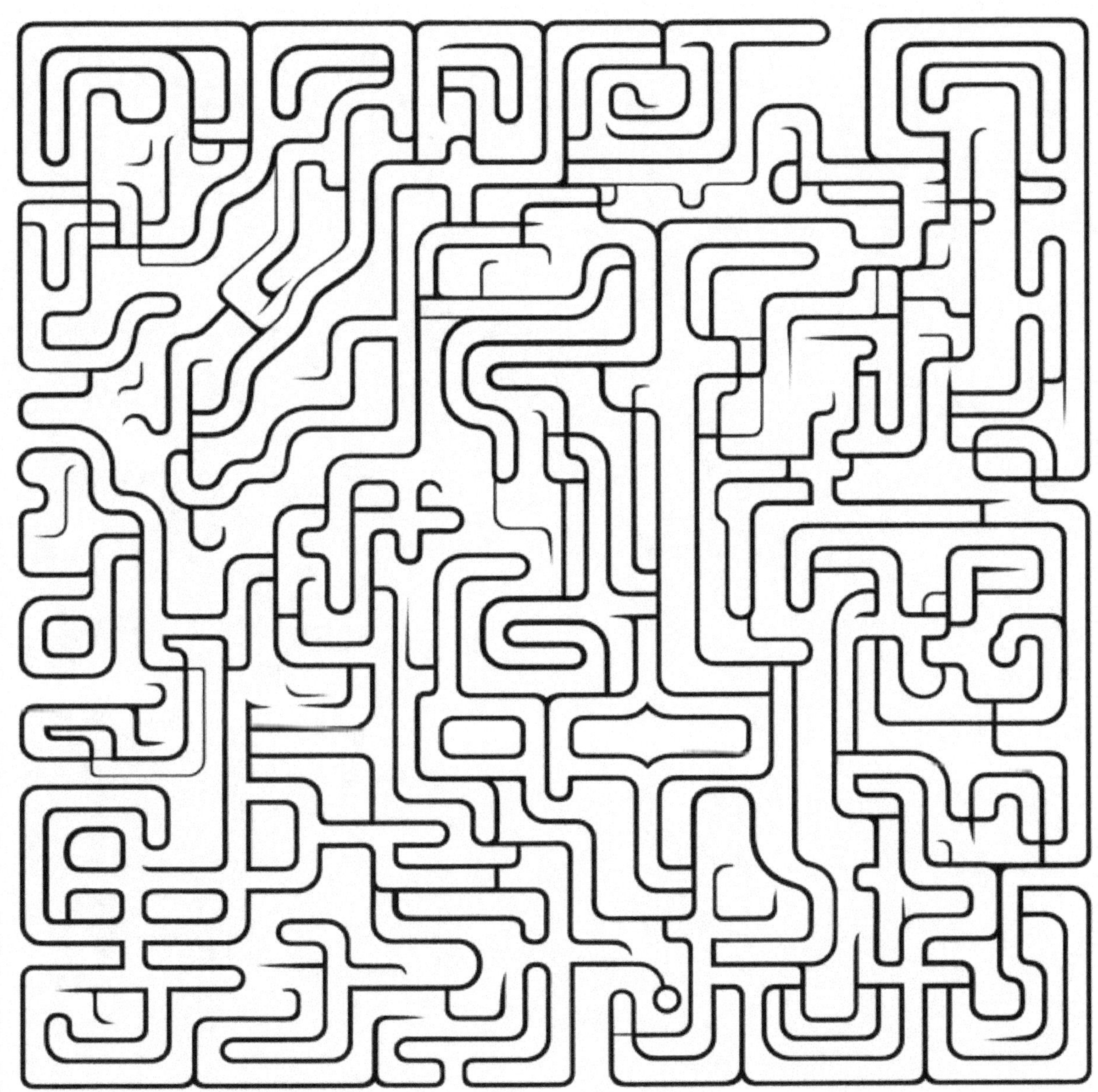

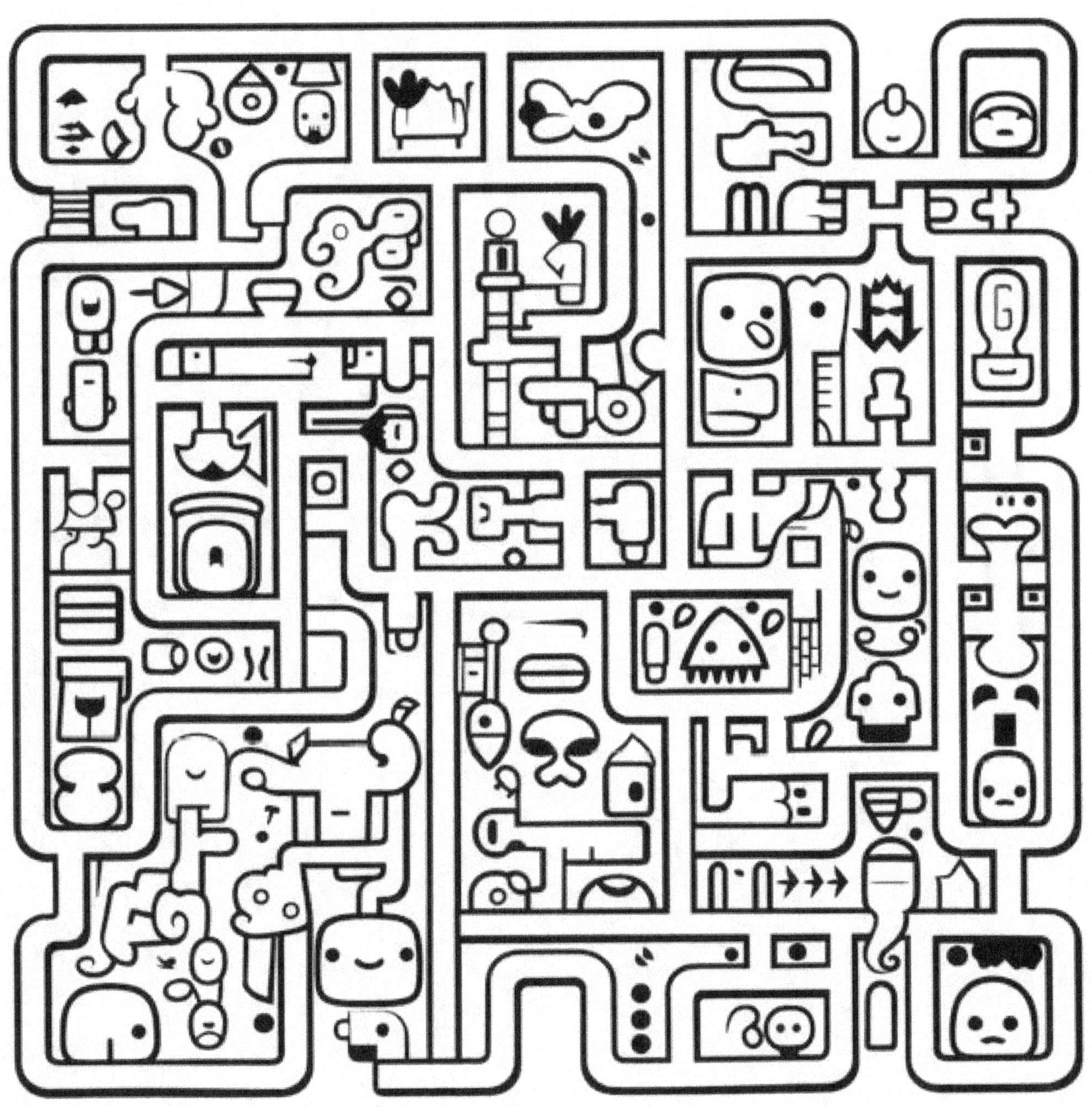

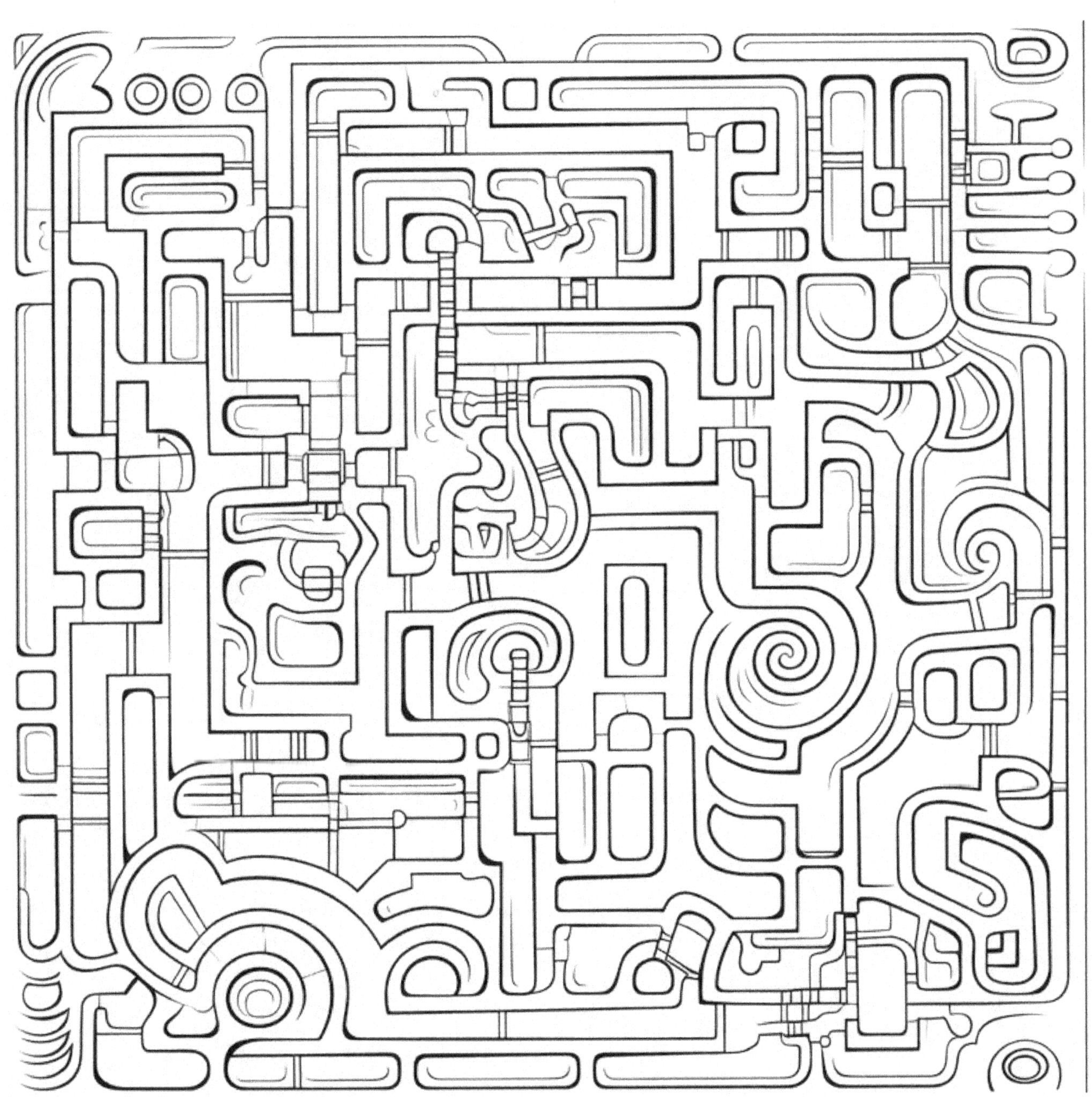

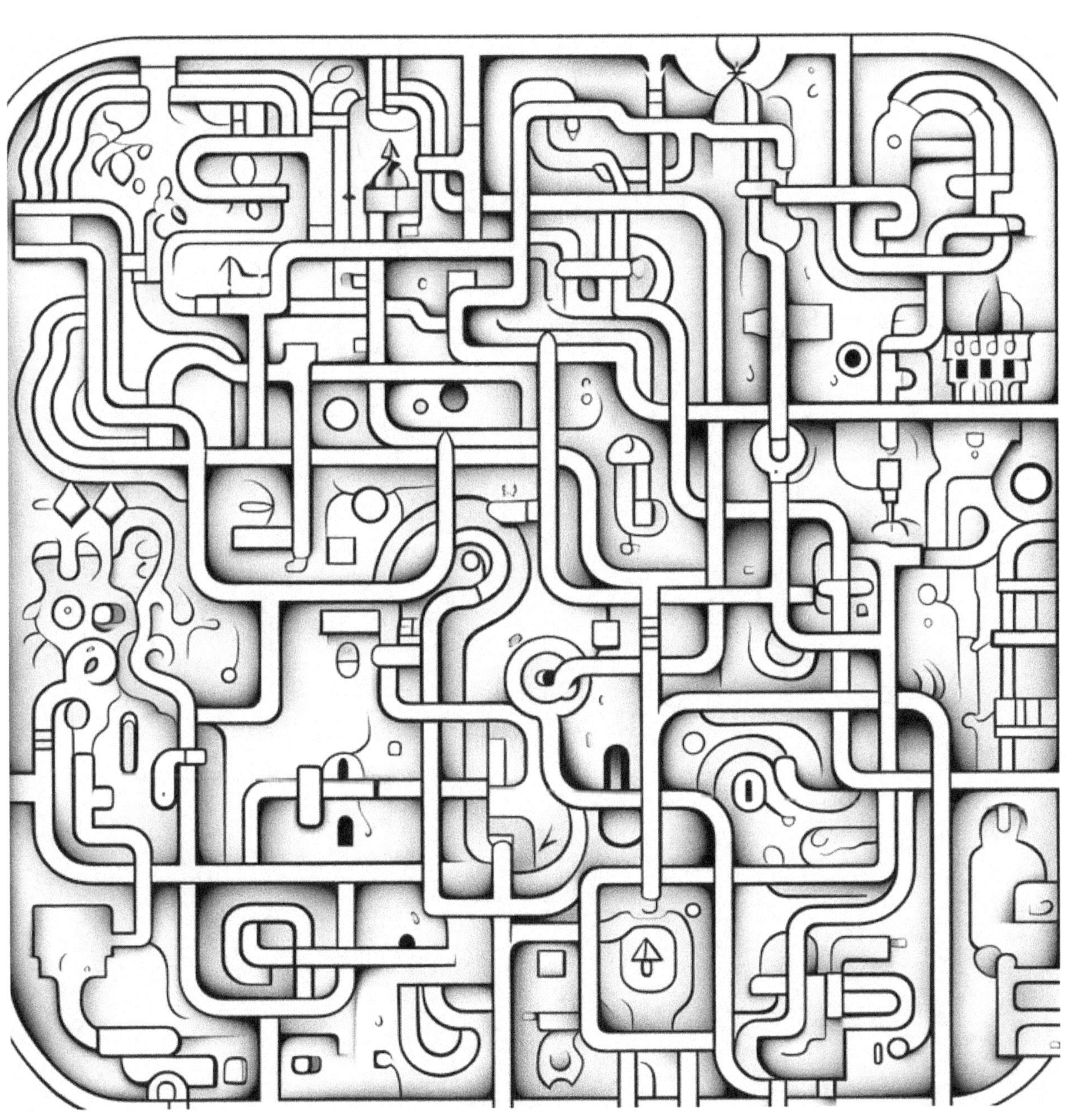

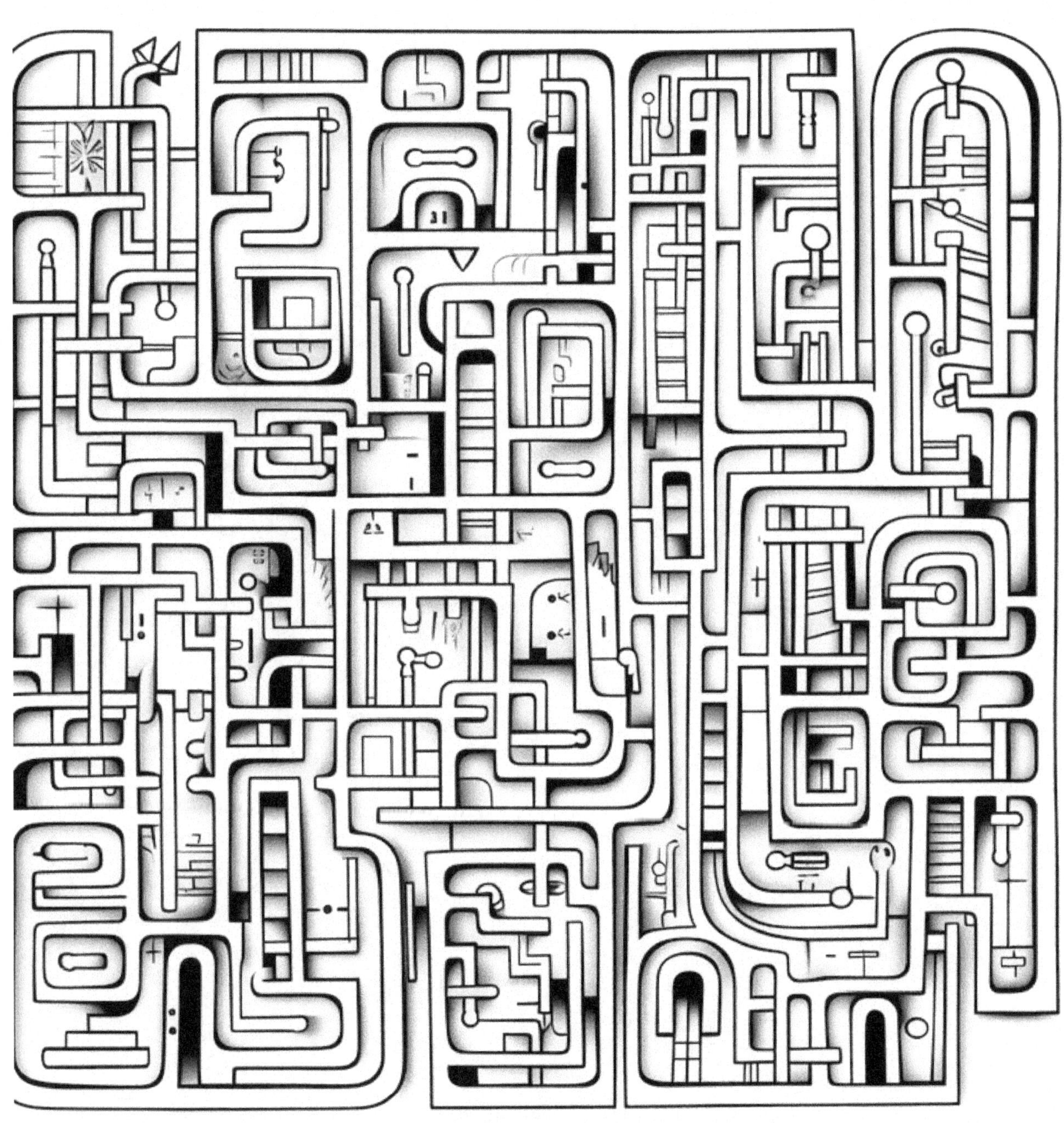